AF504877

Jake Angeli:

"il passato svela il futuro"

L'irresistibile richiamo della verità

Anthony C. Lazzaro

L'autore di questo libro non è Jake Angeli (Jakob Hansley) – Questo è un *instant book* e un saggio indipendente sull'impatto del movimento QAnon sulla politica americana tra la fine del 2020 e l'inizio del 2021 attraverso le dichiarazioni, le frasi e i proclami che Jake Angeli ha pubblicamente reso di fronte a migliaia di persone e che hanno fatto il giro del web; egli è semplicemente stato scelto come *elemento rappresentativo* del movimento QAnon e della sua ideologia.

Il titolo prende spunto da una nota frase criptica del movimento QAnon.

Jake Angeli: "il passato svela il futuro"

Anthony C. Lazzaro

Gennaio 2021

Prima edizione

È nelle nostre speranze che la forza creatrice –
quella stessa che all'inizio dei tempi ha modellato i
corpi dal fango – ci faccia intravedere uno spiraglio
del nostro potenziale. Perché è là che noi troveremo
il vero amore e la pace, una mente alla volta.

(J. A.)

Introduzione

Questo non è un libro che sposa le teorie cospirazioniste del movimento cosiddetto di QAnon.

Non è tantomeno una biografia di Jacob Hansley Angeli, anche noto come lo Sciamano di QAnon, né un'apologia dell'irruzione al Campidoglio di Washington avvenuta il 6 gennaio 2021.

Questo libro raccoglie alcuni degli interventi pubblici di Jake Angeli durante il 2020 e alcuni di quelli successivi al 6 gennaio dell'anno in corso scremandoli e facendone una sintesi.

Chi ci muove è la volontà che questi contenuti non vadano perduti.

Già all'indomani dei fatti citati si sono osservate censure e cancellazioni dal web di interviste, riprese audio e video relative ai fatti e alle teorie proclamate dall'interessato.

Al di là della loro attendibilità, fondatezza o infondatezza, noi intendiamo preservare questa voce per un sacrosanto diritto di parola e di opinione che non può mai venire meno in una società che si proclama civile.

Saranno i fatti del prossimo futuro, casomai, a chiarire certe teorie e a dargli un significato, in un verso o in un altro.

Nel frattempo la nostra unica preoccupazione è che questi pensieri, almeno così come sono stati condensati nella nostra opinabile sintesi, rimangano visibili il più a lungo possibile.

I curatori

Il 6 gennaio 2021

L'assalto al Campidoglio degli Stati Uniti (*Capitol Hill*) è stata una protesta attuata a Washington il 6 gennaio 2021 da parte dei sostenitori del presidente uscente Donald J. Trump per contestare il risultato delle elezioni presidenziali del 2020 e sostenere la richiesta di Trump al vicepresidente Mike Pence e al Congresso di rifiutare la proclamazione di Joseph Robinette Biden Jr. – meglio noto come Joe Biden – alla Casa Bianca.

Il Congresso ha confermato la legittimità della vittoria del presidente eletto Joe Biden il giorno 7 gennaio, rigettando in modo categorico la spinta del presidente Trump a ribaltare la propria sconfitta dopo che è culminata in una folla di "patrioti" – costata quattro vite umane – che assaltano e occupano il Campidoglio in una clamorosa e scioccante dimostrazione di eccesso di libero arbitrio che ha scosso alla base la democrazia americana e impressionato il resto del mondo.

Non c'erano precedenti nella storia americana moderna.

Gli insorti che agivano con l'apparente incoraggiamento del presidente uscente, vandalizzavano l'ufficio del presidente Nancy Pelosi [*Speaker della Camera dei rappresentanti*], causando danni, saccheggiando opere d'arte e prendendo momentaneamente il controllo della camera del Senato, dove si assembravano posando per fotoricordo e *selfie* con aria trionfante su quello stesso palco dove il vicepresidente Mike Pence aveva appena presieduto.

Le immagini della presa della capitale sono state fatte circolare in tutto il mondo e in molte di queste è risultato inquadrato un caratteristico personaggio vestito con una pelliccia, a torso scoperto, che mostrava numerosi tatuaggi.

L'uomo sembra una sorta di antico guerriero vichingo, con un copricapo con le corna e il volto dipinto con i colori della bandiera americana, rosso, bianco e blu.

Si fa chiamare "il lupo di Yellowstone "ed è stato visto in altre manifestazioni nei mesi precedenti, dove brandiva un grande cartello bianco con la scritta "*Q Sent Me*" (trad. "Mi ha mandato Q").

In numerosi interventi video (molti sono stati cancellati a partire dal giorno successivo ai fatti) afferma che la sua figura evoca lo sciamanesimo e che, attraverso danze e abbigliamento, avvicina il suo popolo alla realtà, *la sua realtà*, e cioè che un'entità dai più alti livelli delle gerarchie militari lo ha mandato a dissuadere il popolo dal Comunismo – che secondo lui travolge lo stesso governo degli Stati Uniti, ove si è infiltrato per vincere una guerra che a quanto pare non è finita nei primi anni '90.

QAnon

QAnon è una teoria cosiddetta "cospirazionista".

Si sarebbe originata intorno alla fine di ottobre del 2017 sul forum 4chan, all'epoca molto polare negli Stati Uniti.

L'idea di fondo di QAnon è la seguente:

> Un complotto globale coinvolge i potenti della terra, in rituali satanici – con il sacrificio di milioni di bambini innocenti – che soltanto il presidente americano Donald Trump cerca segretamente di contrastare, disseminando indizi ("briciole") durante le sue dichiarazioni pubbliche, per mezzo di segnali in codice e frasi o parole chiave che un gruppo di sostenitori (i "fornai"), costantemente in ascolto, raccolgono dandogli forma compiuta.

Il fine ultimo di questa *Cabal* (o "masnada") è quello di coinvolgere i potenti della terra in situazioni comprometenti e passibili di ricatto (il cannibalismo, le violenze sui minori), al fine di poterli in seguito controllare e manovrare a piacimento, servendosi di loro per attuare così politiche di globalizzazione e cambiamenti drammatici contro la sovranità dell'America e degli altri stati del mondo.

Una serie di messaggi – a firma "QAnon" e "Q" – paventavano scenari politici allarmanti.

All'inizio si trattava di frasi apparentemente in codice, didascaliche, aforistiche. Frasi del tipo: *"Qualcosa sta arrivando"*, *"nel passato leggi il futuro"*.

Alcune parole sono allusioni. *Castle* ("castello") potrebbe significare *Casa Bianca*. Altre sigle, di tre o quattro lettere, parrebbero acronimi. Ma non è facile arrivare a comprendere di che cosa.

Tutti questi scambi di messaggi all'inizio rimangono su quel *forum*, con una limitata visibilità.

Ma a quel punto ecco che si scatena una chimica non ancora del tutto spiegata dagli stessi analisti della rete. E il fenomeno improvvisamente si allarga.

Ma insomma, che cosa vogliono gli uomini e le donne di QAnon? Contro quale supposta minaccia si stanno battendo?

Ebbene, secondo loro – hanno sintetizzato bene la problematica lucidi analisti come Massimo Polidoro o il collettivo Wu Ming – una *Cabal* (trad. "masnada", "cricca") di politici e personaggi di potere, segnatamente di fede democratica, ma non solo, da molti anni starebbe controllando le sorti dell'America (e pertanto del mondo intero) gestendo, tra l'altro, una vasta rete di pedofili.

Di questa masnada farebbero parte nomi altisonanti della politica, della finanza e perfino della cultura. Due tra gli ultimi presidenti americani, Clinton e Obama, con le loro consorti. E poi gli onnipresenti Bill Gates, George Soros, ma anche star di Hollywood e del mondo artistico, tra tutti Tom Hanks e l'artista Marina Abramovic.

Dopo pochi mesi, all'inizio del 2018, il *forum* si sposta da 4chan a 8chan, una piattaforma più clandestina, senza alcun tipo di moderazione e pertanto completamente inaffidabile sotto il profilo dei contenuti.

Tra l'altro 8chan sarà chiusa (poi riaperta poco dopo con un altro *brand*) perché su quella piattaforma si scoprì ben presto che venivano annunciati stragi e attentati che poi si verificavano per davvero.

Nella prima metà del 2018 QAnon completa l'opera approdando sui canali più frequentati, da Twitter a Youtube, prendendo rapidamente credito, attraverso un'applicazione – Qdrops – che in breve diventa la più scaricata sia nel mondo Android che in iOS.

I tempi sono maturi. Il Q-pensiero è:

> *"Niente più bugie, niente più stronzate. Noi, il popolo degli Stati Uniti d'America, pretendiamo la grande e piena rivelazione".*

In questa crescente bagarre tra 2018 e 2019, il presidente in carica Donald J. Trump capisce l'andazzo e, comprendendo di essere nelle grazie di questa teoria del complotto, che lo percepisce come unica speranza del popolo americano, decide alla fine di "cavalcare l'onda", inserendo qua e là nei suoi discorsi e nei comunicati ufficiali, anche nei suoi celebri *tweet*, il numero diciassette, per far intendere di essere d'accordo e dalla parte giusta (Q è la diciassettesima lettera dell'alfabeto inglese).

Ogni cosa che succede, anche il suicidio in carcere di Jeffrey Epstein nell'agosto del 2019, viene strumentalizzato sull'altare di QAnon

Così come la morte del senatore John McCain, repubblicano ma anti-Trump, esattamente un anno prima.

Uno dei primi messaggi in codice del presidente Trump era stata la frase: *"Calm before the Storm"* (trad. "La quiete prima della tempesta", pronunciata in un discorso tenutosi di fronte alle forze armate il 6 ottobre del 2017). Nonostante i giornalisti presenti chiedessero a cosa alludesse, egli si rifiutò di precisare meglio, limitandosi a dire: *"You'll find out"* (trad. "Ve ne accorgerete da soli").

A un certo punto appare chiaro come il successo di QAnon sia quello di un vero e proprio gioco di ruolo, su scala mondiale, dove i partecipanti, i bersagli, i nemici, gli alleati e le situazioni sono reali. Non inventate. Questo regala un'ebrezza mai provata prima.

In breve diventa un'autentica droga che crea una dipendenza dalla quale non si può più uscire.

Un conto è immaginarsi delle situazioni di Fantapolitica e agire virtualmente in rete, sia pure su scala mondiale, ma su situazioni pianificate artificialmente e su scenari generati dal computer.

Altro conto è costruire un gioco di ruolo con interpreti veri e con in palio niente di meno che i destini dell'umanità.

Anon, cioè *anonimo*, è il cittadino qualunque di fronte alle figure della storia o del suo tempo. Un essere insignificante che non lascerà la benché minima traccia.

Un utente, un consumatore, nella migliore delle ipotesi, un numero a 9-10-11 o chissà quante cifre nel novero di tutte le persone mai nate nell'umanità e di cui nessuno si è mai accorto, né si accorgerà mai.

Ritrovarsi però dentro un gioco come quello del complotto del *Deep State* ed essere dalla parte buona, che cioè dovrà salvare l'umanità, li fa sentire importanti, addirittura indispensabili.

Per una volta questi individui non si sentono una cifra insignificante di un disegno che non capiranno mai.

Sono consapevoli "raccoglitori di briciole", che alla fine avranno la percezione della pagnotta che queste briciole formeranno. Per la prima volta non si sentiranno inutili, incompresi e inadeguati.

E questo è il motivo – noi temiamo – per cui QAnon non potrà essere fermato facilmente.

La firma "Q"

La lettera "Q" indica la cosiddetta "Q clearance", ossia il (presunto) livello massimo di autorizzazione all'accesso di fonti *top secret* del governo americano.

Ma secondo alcune fonti (come ad esempio *The Independent*), questo tipo di classificazione nella realtà risulterebbe in uso solo al dipartimento dell'energia degli Stati Uniti.

La stessa lettera è anche l'iniziale di Quest e di Question. Cioè "ricerca" e "domanda". Che sono i capisaldi dei cosiddetti bakers ("fornai"), altro appellativo dei QAnonisti.

Essi sono i "raccoglitori di briciole", cioè di piccoli indizi di un grande disegno della finanza mondiale.

Siccome "Q" è la diciassettesima lettera dell'alfabeto inglese, ecco che ogni allusione nelle uscite, nei discorsi e nei commenti su Twitter del presidente Trump a questo numero diventa di conseguenza una strizzata d'occhio e un ammiccamento a QAnon e ai suoi seguaci.

Frasi in codice

Così come la massoneria, la malavita, la mafia, la politica e ogni tipo di organizzazione (lecita o illecita), QAnon ricorre all'uso di *meme* e segnali convenzionali attraverso i quali i membri possano riconoscersi – se per esempio si incontrano in rete.

Un *hashtag* diffuso è #WWG1WGA, un acronimo del motto in inglese Where We Go One, We Go All, "Dove va uno, vanno tutti quanti = Tutti per uno, uno per tutti".

Quando è presente alla fine di un post o di un *tweet* significa che il contenuto dello stesso trae ispirazione o si rivolge a fatti e circostanze legate a QAnon.

Molte caratteristiche di questa vera e propria congrega trasversale attingono a piene mani da film *cult* (come *Matrix*, per la "pillola rossa" e i "risvegliati") se non addirittura a veri e propri sotto-elementi culturali mutuati da videogame o *meme* virali dei social network.

Interessante notare come i membri di QAnon si autodefiniscono *patriots* (cioè "patrioti") e l'uso della bandiera, sia ufficiale che sudista, così come l'aquila dalla testa bianca, sono altri dettagli di spicco della loro iconografia culturale. In un apparente miscuglio senza capo né coda, ma strategicamente importante per i loro scopi.

Chi è Q?

Qualcuno ha provato a dare un volto a Q. Ma predomina l'ipotesi che non esista un individuo ben preciso che possa essere identificato con lui.

Nell'estate del 2018, ad ogni modo – John F. Kennedy Jr. – viene da più parti considerato Q, sebbene egli sia morto ufficialmente in un disastro aereo, addirittura nel 1999.

Stiamo parlando del figlio minore del presidente John Fitzgerald Kennedy, ossia JFK, il presidente americano assassinato a Dallas nel 1963.

Secondo il Q-pensiero, JFK Jr. nel 1999 aveva solo simulato la morte e si sarebbe nascosto per vent'anni, in attesa di un riscatto finale, in quanto il *Deep State*, lo voleva assassinare e il giovane rampollo non avrebbe avuto altra scelta che uscire apparentemente dalle scene.

Già l'anno successivo, però, la comunità QAnon non si riferiva più a Kennedy come a una possibile identità di Q.

L'eroe è Trump

L'idea di QAnon è che ci sia una minaccia mondiale.

E chi può opporsi a tutto questo? Semplice, il presidente americano in carica (fino al 20 gennaio 2021): Donald J. Trump!

Bisogna rammentare che nell'autunno del 2017 Trump era sotto inchiesta, l'F.B.I. cercava di capire che tipo di ruolo poteva aver avuto circa le interferenze russe nella campagna elettorale americana. Il mito di Trump come eroe e salvatore della patria rischiava così di frantumarsi agli occhi dei suoi sostenitori. Ma è successo l'esatto contrario, quello è stato il momento preciso in cui il sentimento patriottico si è cementato, dove l'apologia del predestinato ha preso il sopravvento sui fatti razionali.

Q-Anon ormai è un fiume in piena. Si vocifera con insistenza di arresti imminenti nelle file democratiche, di prigioni allestite a Guantánamo, a Cuba, per imprigionare migliaia e migliaia di adepti al culto di Satana e alle violenze sui bambini.

Gli estremisti di destra, i suprematisti bianchi, prendono piano piano il sopravvento. Ai comizi di Trump sempre più si notano questi striscioni da stadio, questi cartelli con la lettera "Q" in bella evidenza.

C'è una "grande tempesta" in arrivo, la cui ora però viene spostata sempre più in là. Il momento della rivelazione sembra davvero non arrivare mai.

Quando sarà informata ufficialmente l'opinione pubblica americana su questo *Deep State* satanico e pedofilo che cerca di condizionare i destini del mondo?

Ogni frase del presidente Trump che contenga accuse generiche, per esempio, contro la passata amministrazione, oppure contro le multinazionali del web, è una prova – secondo l'opportunismo dei seguaci di QAnon – che la "grande tempesta" è alle porte.

Jake Angeli

Ma chi è Jake Angeli, conosciuto sul web anche come: Yellowstone Wolf, The QAnon Sciaman, The Viking Guy e Buffalo Guy?

Il Daily-Mail.com scrive che sarebbe un trentatreenne scapolo che vive temporaneamente con la madre a Phoenix, Arizona, dopo che ha avuto difficoltà economiche per mantenersi nel suo precedente appartamento.

Il suo vero nome è Jacob Anthony Angeli Chansley, nato probabilmente nel 1988 in Arizona.

Possederebbe una automobile – marca Hyundai – completamente tappezzata di scritte e slogan inneggianti QAnon.

Le foto dell'annuario del liceo (il "Moon Valley High School" di Phoenix, diplomato nel 2005) ottenute da DailyMail.com mostrano un adolescente biondo dal viso gentile.

Adesso, invece, da qualche anno riempie il web di teorie cospirative e se ne va in giro seminudo e con il suo bizzarro copricapo con le corna.

L'occupazione principale di Chansley ora sembra la protesta ed è diventato un punto d'attrazione fisso nelle manifestazioni pro-Trump in Arizona nell'ultimo anno.

Jake Angeli risulta l'autore di due libri autoprodotti. Il primo con lo pseudonimo di Loan Wolf, il secondo con una variante del nome, Jacob Angeli.

> *Will & Power: Inside The Living Library: Volume one* [trad. "Volontà e potere: dentro la biblioteca vivente"], di Loan Wolf (CreateSpace, maggio 2017).

> *One Mind At A Time: A Deep State of Illusion* [trad. "Una mente alla volta: un Deep State illusorio"], di Jacob Angeli (Amazon, giugno 2020).

A proposito di *One Mind At A Time* sul libro è scritto:

"Questo libro spiega ed espone in dettaglio la storia, la strategia e gli obiettivi del "Deep State". Dipinge anche un'immagine molto chiara per quanto riguarda i livelli più alti di potere eletto e non eletto, sia negli Stati Uniti che all'estero. Questo è il libro sui reali propositi del "Deep State", questo è tutto ciò che il "Deep State" non avrebbe mai voluto che tu sapessi! Alcuni potrebbero pensare che sto mettendo a rischio la mia vita pubblicando un libro pieno di fatti così sconvolgenti, ma io rispondo loro di pensare a tutte quelle vite che sarebbero messe a rischio se non lo pubblicassi. Questo libro è dedicato a tutti i bambini, donne e uomini nati o ridotti in schiavitù, coinvolti nei traffici di sesso o uccisi, con lo scopo di impedire che questo male si diffonda in tutto il mondo. Questo libro è pensato per porre fine per sempre al "Deep State" e inaugurare una nuova era di pace, evoluzione, prosperità, abbondanza e amore."

Tre giorni più tardi dei tumulti del 6 gennaio, Chansley/Angeli è stato tratto in arresto, con l'accusa di infrazione e disordini violenti. È stato accusato di entrare e rimanere consapevolmente in un edificio e in un'area *off limits* senza averne l'autorità, di ingresso violento e condotta disordinata sul terreno del Campidoglio.

Al momento in cui il presente libro viene terminato per la stampa, non è ancora sufficientemente chiaro se il cognome "Angeli" sia uno pseudonimo utilizzato dall'interessato o invece un cognome secondario della sua famiglia, per esempio quello della madre da nubile.

All'inizio i giornali italiani avevano parlato di Chansley con molta enfasi, scambiando lo pseudonimo per il suo vero cognome. Nei primi documenti del dipartimento di Giustizia resi noti, invece, si cita solo il cognome Chansley, specificando che l'uomo è originario dell'Arizona.

Frasi, pensieri, grida

Chi sono io

"Io sono Jake, puoi trovarmi su Youtube e su Rumble come *Yellowstone Wolf* (trad. "Lupo di Yellowstone")."

"Il mio nome è Jake Angeli, mi trovi su Youtube come yellowstone wolf."

[già pochi giorni dopo i fatti del 6 gennaio, tutti i profili riconducibili a Jake Angeli erano stati rimossi dalla maggior parte delle piattaforme]

"Jacob Angeli è un autore, un praticante sciamano, un soldato digitale QAnon, un guaritore energetico, una personalità di Youtube, un operatore di salute comportamentale, un marinaio della Marina e un patriota degli Stati Uniti d'America che ama Dio e protegge il paese [dalla quarta di copertina del suo libro *One Mind At A Time*]."

"Beh, a quanto pare ho un po' di sangue nativo americano in me. Non l'ho fatto testare o verificare ma mia nonna dice che ho sangue nativo americano e a quanto pare ho anche sangue vichingo e italiano".

"Sono un attore e un cantante di grande talento, sono in grado di eseguire oltre trenta voci diverse e imitare numerosi accenti."

"Sono anche molto abile nell'incarnare i personaggi e nell'esprimere emozioni in un modo tale che le persone rimangono incantate."

"La mia capacità di memorizzare le battute è pari solo alla mia capacità di eseguire improvvisazioni e far sembrare che le mie battute siano state memorizzate."

"Sto sempre di più aumentando le mie capacità e affinando le tecniche per essere il meglio del meglio in quello che faccio."

"Per sconfiggere questa forza occulta e malvagia serve una forza occulta buona, una forza occulta che stia dalla parte di Dio, dell'amore, degli angeli. Una forza opposta ai demoni."

Lo Sciamanesimo

"Come sciamano io sono un essere multi-dimensionale o iper-dimensionale. Sono in grado di percepire numerose e diverse frequenze di luce che vanno al di là dei miei cinque sensi. Questo mi consente di vedere delle dimensioni lontane e superiori, che queste entità, voglio dire i pedofili, gli stupratori, gli assassini, queste persone in posizioni di potere, usano per nascondersi nell'ombra. Nessuno che non abbia il terzo occhio aperto li può vedere, cosa che per esempio viene impedita usando il fluoruro [*che, secondo certe teorie della cospirazione, sarebbe immesso nell'acqua potabile dalle autorità per manipolare o indebolire fisicamente e mentalmente le persone*]."

"Mi chiedi il perché del copricapo con le corna. Rompi le scatole al bisonte, ti becchi un'incornata, chi lo ha provato lo sa bene. Questa [*indi-*

cando la pelliccia di cui è fatto il copricapo] è pelliccia di coyote, che secondo i Navajo è un *trickster* [*cioè un animale astuto che fa da intermediario tra la dimensione umana e quella divina, e ha un comportamento 'dispettoso' e non convenzionale*], una forza benigna. Quindi indosso la sua pelliccia, anzi ho proprio due code di coyote. Quanto alla pittura del viso [*ha dipinti i colori della bandiera statunitense con tanto di stelle*], si tratta di una tradizione dei nativi americani, quella di indossare dei colori di guerra. Siamo in una guerra di tipo spirituale, ed è per questo che c'è bisogno di simboli. I miei simboli sono il sangue sul cartello [*indica macchie colorate*], i fori di pallottola [*il cartello ne ha in effetti un paio, finti*]; questo sta a significare la guerra segreta dietro le quinte."

"Quello che faccio è praticare qualcosa noto come Sciamanesimo e nello Sciamanesimo cantano, ballano e suonano i tamburi, ed informano la comunità vestendosi in modo da scacciare gli spiriti maligni perché il suono in realtà precede l'attività elettromagnetica, quindi se canti e suoni la batteria, soprattutto quando lo fai molto forte, finisci per influenzare il regno quantistico e questo è stato fatto per migliaia di anni per allontanare gli spiriti maligni e le linee temporali negative. E fondamentalmente portare energia positiva, quindi parte del motivo per cui mi vesto in questo modo è perché se avessimo un 'infil-trato' o qualcosa del genere, sarebbe una strega o uno stregone del lato oscuro, quindi io pratico la magia 'bianca', quella del lato positivo dello Scia-manesimo, così quando mi vedono se ne vanno via. 'Oh, sì, ci deve esser un pesce grosso qui, me-glio filare'."

"Nello Sciamanesimo, si canta, si suona il tam-buro, si balla. Ci si veste in maniera elaborata. E così io sto facendo. Per allontanare gli spiriti ma-ligni, per allontanare il male, le streghe di Satana, gli stregoni e cose del genere. Inoltre, è un mezzo per attirare l'attenzione delle persone. E per aiu-tarle a prendere coscienza di quello che sta real-mente accadendo nel paese."

Q

"Non so se voi sapete chi è Q. Q è il livello più alto dell'esercito e dell'*intelligence* negli Stati Uniti e loro diffondono informazioni *top secret* a patrioti nella nostra repubblica in modo che possiamo riprendere la nostra nazione dai comunisti e dai globalisti che si sono infiltrati nel nostro governo ad alcuni dei livelli più alti e ad alcuni dei livelli più bassi e stanno cercando di distruggerlo dall'interno in modo da creare un nuovo ordine mondiale, un governo globale in cui l'America viene cancellata dalla mappa. Così un'altra costituzione viene abolita a causa delle leggi internazionali. Ma non accadrà, non li lasceremo avvicinare."

"Q sono i patrioti. È un giuramento che fanno quelle persone che credono nella protezione degli Stati Uniti d'America da tutti i nemici: interni ed esterni. Un giuramento all'interno della comunità dell'*intelligence* e del complesso militare-industriale, dove ci sono persone che stanno diffondendo informazioni *top secret* a individui auto-selezionati. I patrioti devono essere informati di quello che sta succedendo ai più alti livelli del governo e possono così riprendere il paese dal malvagio globalista che sta tentando di monopolizzare il ciclo vitale del pianeta, nonostante la cosa vi possa sembrare – lo capisco – un po' inverosimile."

"Una cosa che concerne Q riguarda la diffusione di informazioni ai patrioti nella repubblica in modo che possiamo tenerli là fuori con la pistola a vigilare non solo attraverso la potenza militare ma attraverso la coscienza della nostra gente, attraverso tutti noi che ci uniamo e che difendiamo quei valori fondamentali comuni sui quali tutti possiamo essere d'accordo, rossi, blu, repubblicani e democratici, questo non importa, anzi dobbiamo concentrarci sul viola [*che è l'unione cromatica tra rosso e blu*], dobbiamo concentrarci sull'unificazione del nostro paese perché l'agenda globalista conta di dividerlo in modo che possano più facilmente conquistarlo."

"È importante capire che il movimento QAnon non è solo locale, limitato agli Stati Uniti d'America, ma è presente in tutto il mondo; perché quello che combatte è la corruzione ai più alti livelli statali e di potere, che si tratti di persone con potere esecutivo, legislativo o giudiziario, o di elementi dei cartelli bancari."

"Certo, si tratta di saper leggere bene tra le righe, e si capisce che quello che sta succedendo in America è di portata storica. Stiamo facendo vedere che siamo in grado di prendere il controllo del livello più alto del potere governativo: è possibile farlo nel proprio paese e mettere in atto un *repulisti* totale. E tutti gli altri paesi del mondo seguiranno il nostro esempio. Nessuno vuole essere coinvolto nel traffico di esseri umani. Nessuno vuole essere coinvolto nei gruppi di pedofili."

"A tutti i sostenitori di Q dico: non siete soli, le più alte sfere degli eserciti e dei servizi segreti sono con voi, vi stanno aiutando, e non sarebbero usciti allo scoperto, non avrebbero detto a tutti quello che sta succedendo, se non avessero già avuto la situazione in pugno. L'esercito lo conosco bene, non è gente che apre la bocca e rivela un'operazione se non è una cosa a colpo sicuro. Non lasciano trapelare informazioni se non sanno che è parte della loro strategia finalizzata a un trionfo a livello globale. Quindi continuate a combattere, non smettetela di parlare, uscite, protestate, continuate a sostenere le associazioni come *Save the Children, Save Our Children, Child Lives Matter*, perché più le sosteniamo più il mondo è coinvolto, e più i bambini saranno al riparo da questi globalisti."

"Il cosiddetto *'Deep State'* [trad. "Stato occulto"] ha aspetti positivi e negativi. È qui che entrano in gioco le persone che fanno parte di Q: persone dell'esercito, dei servizi segreti ai più alti livelli, e che però sono 'i buoni', i patrioti, quelli che di certe cose non ne possono più e vogliono metterci la parola fine."

Pedofilia e sfruttamento minorile

Il nostro intero sistema è controllato solo dal ricatto grazie a reti di traffico sessuale minorile e tratta di esseri umani, principalmente la tratta degli schiavi, cioè la schiavitù moderna".

"Ci sono più schiavi adesso che in ogni altro momento della storia umana"

"Stiamo cercando di porre fine a tutto ciò qui in Arizona, perché l'Arizona e Phoenix sono al secondo posto nel mondo [*al primo posto ci sarebbe il Messico, secondo le teorie cospirazioniste*] per il traffico di esseri umani e bambini. Quando riprenderemo l'Arizona, e lo faremo, riprenderemo l'America e cambieremo il mondo perché avremo fermato il traffico di sesso con minori e la tratta di esseri umani".

"Phoenix e il Messico sono invischiati in un giro di traffico di esseri umani e fareste meglio a credere che sia un'industria multimiliardaria, un'industria più grande del traffico di droga".

"Il traffico di bambini e esseri umani è un guadagno finanziario più grande del traffico internazionale di droga e se non credete che in Arizona questa piaga sia stata infiltrata, tutto quello che dovete fare è guardare il simbolo ufficiale del centro commerciale [*allude a un centro commerciale di Phoenix*], sembra esserci dipinto il codice pedofilo [*una sorta di spirale*] e c'è tanto simbolismo satanico in giro; c'è una pizzeria che ha corna e coda del diavolo. E poi c'è un negozio di lozioni e pozioni che ha un coniglietto proprio accanto alla porta, il coniglio bianco dell'adrenocromo. Dall'altra parte della strada rispetto alla pizzeria c'è una discoteca dove al centro della prima lettera del nome ha un punto, che è un noto simbolismo."

Complotti e controllo globale

"Usano i loro milioni, o miliardi, di dollari per creare delle basi sotterranee in cui sviluppano la loro tecnologia *top secret*. Lavorano a progetti per creare energia illimitata, tecnologia antigravitazionale, propulsione inerziale. Sono in grado di creare cloni e di realizzare tutta una serie di cose pazzesche, mi spiego?"

"Stiamo parlando di un tentativo di controllo globale. Stanno cercando di creare un nuovo ordine mondiale, un solo governo per tutta la terra, il che coinvolge più di un centinaio di paesi. Cercano di monopolizzare tutte le risorse e la forza lavoro dei diversi paesi attraverso il sistema bancario centrale. Tutto un paese diventa schiavo di chi possiede le banche centrali."

"Le Alpi svizzere sono bucherellate tipo gruviera per via delle basi sotterranee. Negli Stati Uniti ce ne sono tra le centocinquanta e le duecento, ed è ancora poco rispetto ad altri paesi, in cui l'infiltrazione è arrivata a un livello tale che non ci si può spostare di cento miglia senza incappare in una di queste basi."

"Se ci rendiamo conto dell'uso di tutte queste basi militari sotterranee sparse per l'intero pianeta, di quella macchina super efficiente in cui si trovano a interagire, per citare JFK junior [*John Fitzgerald Kennedy Jr., 1960-1999*], operazioni militari, diplomatiche, scientifiche, economiche e politiche, allora cominciamo a capire quello che sta succedendo in America, e cioè che qui gli ingranaggi hanno cominciato a girare in direzione opposta, cosa che blocca il resto della macchina."

"I poli stanno migrando! Le calotte di ghiaccio si stanno sciogliendo! Il livello dei mari si innalzerà! Tra i trecento e cinquecento piedi! È il Ragnarok! È ora di svegliarsi!"

"In tutto il mondo, i paesi sono occupati da istituti bancari centrali che prestano denaro a interesse allo Stato, il che li rende in grado di controllare tutti gli ingranaggi socioeconomici e geopolitici dei paesi indebitati."

"Mentre lavorano a ricerca e sviluppo possono contare su coperture ad alto livello, anche grazie a ricatti nei confronti di elementi dei governi, dei mezzi di informazione, del mondo dello spetta-colo etc., in modo che la verità su questa tecno-logia non salti mai fuori, e nel frattempo usano quella gente come cortina fumogena per coprire tutto quello che succede dietro le quinte. Questo succede a livello mondiale!"

"Fate caso a tutti i dirigenti incriminati o che hanno dovuto dimettersi, e a tutta la gente che è stata portata in tribunale: come Harvey Wein-stein [*produttore cinematografico statunitense, condannato e incarcerato per stupro e violenza sessuale*], "John of God" [*João Teixeira de Faria, presunto medium brasiliano, accusato di molestie sessuali*], NXIVM [*azienda o gruppo religioso con base a New York, che serviva, come dimostrato in sede tribunalizia, da copertura per traffico di es-seri umani finalizzato allo sfruttamento ses-suale*]. Pensate alla fuga di notizie sulle mail di Podesta [*John Podesta, capo della campagna per le elezioni presidenziali di H. Clinton nel 2016*], a quelle di Hillary Clinton che stanno saltando fuori... C'è uno schema, un *trend*, e se si sa leg-gere tra le righe si capisce che stanno succedendo un sacco di cose dietro le quinte."

"I globalisti fanno le loro cose praticamente alla luce del giorno ma senza che li si noti. Guardate questo [*indicando un simbolo sul suo cartello, una spirale triangolare*]: qui in Arizona questo simbolo è quello che hanno scelto per il centro commerciale *A*. Perché usate il codice dei pedofili per il vostro logo? Secondo me lo fanno per far capire che quel centro commerciale è una zona franca per un certo tipo di persone con un certo tipo di gusti. Gente a cui piacciono i bambini. Che questo simbolo sia nel codice dei pedofili lo dice l'FBI, non lo dico io perché mi sono svegliato una mattina con questa idea in testa. E il fatto che a quel centro commerciale il simbolo sia usato nelle vicinanze dei bagni è una cosa che deve dare da pensare a tutti. Se cominciamo a seguire la pista di questo tipo di simbolismo o se cominciamo a fare caso a certe parole in codice, come 'pasta' o 'pizza', e se un cartello che pubblicizza una pizza ha un simbolo con due corna, quello è un campanello d'allarme, capito?"

Costituzione

"Manifesto per il secondo emendamento [*Il secondo emendamento della Costituzione degli Stati Uniti d'America garantisce il diritto di possedere armi*] qui in centro a Phoenix, al Campidoglio. Ho il mio cartello qui [*Dice: "Mi manda Q"*] e sto facendo quello che devo fare. C'è un sacco di gente nei paraggi, adesso vi faccio vedere, prima ce n'era ancora di più. Ho appena gridato ai rappresentanti del Congresso e del Senato. Eccomi qui, eccoci qui. Signore e signori, si manifesta per i diritti del secondo emendamento. Non permetteremo al governo di fare i suoi comodi con la Costituzione, di cambiare il modo in cui si fanno le cose in questo Stato. Nossignori, non succederà. Noi amiamo troppo il nostro paese e la nostra Costituzione."

Elezioni e cospirazioni

"Alle persone che hanno già accettato Biden come presidente posso solo dire che hanno scelto di essere vittime di quello che io chiamo un caso di "programmazione neurolinguistica" [*un sistema di programmazione mentale considerato una pseudoscienza*]. Si tratta di una tecnica di guerra psicologica con l'uso di frequenze specifiche che colpiscono il cervello con la propaganda e un domani si innescano nell'indurre nelle persone dei ragionamenti 'a compartimenti stagni', nella prospettiva della realtà costruita dalla propaganda stessa. È il controllo mentale di massa, così in questo modo possono guidare il popolo verso la guerra. È basato sulle teorie dell'MK Ultra [*programma illegale e clandestino di esperimenti sugli esseri umani messo in atto dalla CIA durante gli anni '50-'60 con droghe e manipolazione mentale degli elementi sovversivi*]."

"I Clinton fanno parte della Cabal. Il complesso industriale militare è diviso in due fazioni. Una fazione è conosciuta come Cabal, sono i satanisti e gli economisti fascisti. L'altra parte è l'Alleanza. Sono i patrioti della nostra repubblica. Persone che credono nella libertà, non in Dio. Queste due fazioni sono in guerra e si combattono da tempo. Hillary Clinton fa parte della Cabal."

"Queste sono tecniche di guerra psicologica. Guardate l'operazione Paperclip [*un programma segreto degli Stati Uniti di reclutamento di scienziati stranieri durante la guerra fredda*]. Un momento in cui abbiamo ottenuto oltre 1500 scienziati e medici nazisti e li abbiamo portati al più alto livello del programma della comunità dell'intelligence."

"Vincerà Dio, vinceranno Trump e l'America, e il mondo sarà liberato dal Comunismo, che ancora esiste. Stiamo dando l'esempio, qui negli Stati Uniti, che questo nuovo ordine mondiale comunista sta fallendo e fallirà, che queste rivoluzioni comuniste possono fallire e cavolo se falliranno!"

Trump

"Sostengo pienamente ciò che Trump sta facendo con l'immigrazione illegale e il terrorismo, perché se capite che ci sono confini aperti fondamentalmente si consente a chiunque di entrare, anche a un membro del cartello terroristico MS-13 [*Mara Salvatrucha, banda criminale nata a Los Angeles che opera in tutto il mondo*]. Allora qualcosa deve essere fatto al riguardo affinché queste persone che stanno corrompendo le forze di polizia e distruggendo la stabilità delle città, portando droga nelle nostre comunità, violenza e caos ovunque, siano fermate."

"Per quanto riguarda la mia partecipazione a manifestazioni in favore di Donald Trump posso dire che un sacco di gente nei *media* gli muove delle critiche pignole e delle accuse, ma quella stessa gente non passerebbe gli stessi esami, nemmeno una frazione di loro reggerebbe a quelle critiche e a quelle accuse."

"E penso che sia importante che il Presidente degli Stati Uniti sappia che la sua gente lo sostiene."

"Credo che sia importante che il Presidente degli Stati Uniti sappia che non ci sono soltanto le opinioni della gente dei *media*, ma ci sono anche i bravi patrioti americani che vedono le difficoltà che sta attraversando, glielo fanno sapere, si mettono sull'attenti e lo ringraziano per il lavoro che sta facendo."

"Penso che certe corporazioni dei *media* cerchino di dare la loro versione della situazione ma che ci sia molto più sostegno popolare di quanto non vogliano far vedere, perché ovviamente farlo vedere va contro la loro narrazione."

"Il presidente Trump è un po' come il 'poliziotto buono' che si espone e fa quello che tanti, i membri di quella cospirazione, di quella organizzazione globale, non vorrebbero che facesse. Pensavano che fosse uno di loro, visto che per esempio ci sono foto di lui con Jeffrey Epstein [*1953-2019, imprenditore statunitense, arrestato per abusi sessuali e traffico internazionale di mino-*

renni], ma lo ha anche cacciato dall'hotel, Epstein, quando è saltato fuori che stava con una ragazzina di quindici anni!"

"Trump fin da subito ha fatto capire che non era parte di quello schieramento, ma è anche un elemento ad alto livello del potere economico, il che ovviamente fa sì che sia in grado di vedere che cosa succede ai 'piani alti'. Una volta che è diventato presidente si è trovato a conoscere tutta una serie di retroscena di cui nessuno con quella carica era mai stato consapevole prima. I presidenti di solito quelle cose non le sanno e, se le sanno, è perché sono comunque immischiati. Il presidente Trump è praticamente una 'talpa' [*whistleblower; o 'segnaltore di illeciti'*], anche se non è che faccia delle uscite del tipo 'ehi, c'è una cricca di pedofili satanisti che trafficano in bambini!' No, Trump fa delle dichiarazioni del tipo 'la tratta di esseri umani è calata di tot percentuale' o 'abbiamo salvato tot bambini da una masnada di trafficanti di esseri umani', 'ci sono le tali operazioni in atto in tutto il mondo' etc. Cioè praticamente è come se Trump seminasse una pista di briciole di pane [*breadcrumbs è anche un'espressione usata per riferirsi ai succitati messaggi su 4chan*]."

“C’è una ragione se Donald Trump ha firmato un ordine esecutivo il 12 settembre 2018 sulle intromissioni straniere sulle mostre elezioni. Lo abbiamo visto succedere nel 2020.”

“Secondo me le elezioni presidenziali sono di enorme importanza per tutti, in tutto il mondo. Lo sono anche per la gente che fa parte di Q. Persino per la gente che è contro Donald Trump, perché, che se ne rendano conto o no, sono stati influenzati e inquadrati dalla comunità dei servizi segreti che forma il nucleo della cospirazione. Hanno fatto ricorso alla censura, hanno fatto ricorso a concetti come l’incitamento all’odio, per limitare la libertà di parola. Gente che sostiene di essere tollerante, di voler includere tutti, ma appena cominci a dire qualcosa che non gli piace ti censurano. Questo non succede solo negli Stati Uniti, ma in tutto il mondo. Però negli Stati Uniti il movimento per la liberazione è più grande che da altre parti e quindi fa da traino su scala globale. Tutti quelli che fanno parte di Q vedono lo slancio che abbiamo, la nostra determinazione. Vedono che mandiamo a cagare i globalisti, che gli diciamo ‘no, voi le nostre comunità non le distruggete, i nostri bambini non li vendete, metteremo la parola fine a questa cazzo di tratta di esseri umani, faremo sapere la verità su queste tecnologie’. Così la si finirà di usare questo sistema dei petrodollari basato sull'assassinio, la si finirà di distruggere il nostro ecosistema con l'inquinamento e con le onde ELF, che non si vedono e sono emesse da antenne ma ci fanno venire il cancro, e il 5G... Amico, questa è roba seria."

Il muro con il Messico

"Per quanto sia divertente, non mi piace il modo in cui si sta costruendo il muro con il Messico. In Arizona in particolare ha danneggiato i siti di sepoltura e gli ecosistemi dei nativi americani che sono essenziali per la stabilità del nostro paese. Capisco che il muro impedisce che si verifichino modelli sbagliati di migrazione umana, ma se comprendiamo che anche gli animali sono in realtà parti vitali dell'ecosistema, per mantenerlo in equilibrio, allora costruire un muro che non permetta loro di migrare è abbastanza sbagliato."

"Beh, una cosa che posso dire è che gli esperti di ecologia sono stati in grado di dire esattamente come non si doveva costruire un muro del genere. Ribadisco che gli animali sono vitali per l'ecosistema e mantengono l'ambiente in equilibrio. Le api e gli uccelli hanno spazio di movimento garantito, okay, ma animali come i coyote o altre specie terrestri non possono più migrare, non potendo più passare a causa delle recinzioni. Quindi mi sono fatto un'idea di cosa succederebbe se con la costruzione del muro di confine ci si accorgesse che poi alcune aree strategiche che erano state lasciate aperte in modo che queste cose potessero accadere, ora rimanessero isolate. Magari potremmo avere qualcuno lì di guardia tutto il tempo in modo che possa filtrare il traffico umano da quello animale."

Covid-19

"Questa quarantena è incostituzionale, non solo in Arizona ma ovunque. In tutto il paese. Quindi, se non difendiamo i nostri inalienabili diritti, poi il Governo proverà a prenderceli. Ho detto 'proverà a prenderceli' perché tecnicamente il governo non può sottrarci diritti inalienabili, in quanto ci sono stati dati da Dio."

"Ciao a tutti, rieccomi. Stavolta vi parlo dai pressi dell'ASU [*Arizona State University*], una filiale o il campus, comunque sempre l'ASU, nel centro di Phoenix. Non so se ve lo ricordate, ma ho già criticato l'ASU che sta rinunciando ai suoi diritti [si sta riferendo probabilmente al *lockdown* e alle nuove modalità di didattica], mentre c'è bisogno che i nostri giovani ricevano un'istruzione, che si rendano conto dei diritti che hanno e che possono esercitare. Non gli si può dire che devono rinunciare ai loro diritti, che lo vogliano o no, perché c'è qualcosa che li spaventa con un virus. E allora eccomi qui, daremo una mano a questi giovani con un po' di pensiero logico e razionale. La seconda ondata è una stronzata! ASU, è ora che ti svegli! Pensa in modo critico! Se le mascherine sono efficaci, che bisogno c'è del distanziamento sociale? Se il distanziamento funziona, che bisogno c'è delle mascherine? Se o il distanziamento o le mascherine funzionano, che bisogno c'è di chiudere le cazzo di scuole? Perché dobbiamo chiudere i negozi? Perché facciamo uscire i carcerati dalle prigioni?"

"Mi sembra chiaro, si spiega da sé, il fatto che gli Stati Uniti d'America e la loro Costituzione siano più grandi di Bill Gates, dell'Organizzazione mondiale della Sanità, del Centro per il Controllo delle malattie, del Partito Comunista Cinese e di un virus."

"A questo sommate il fatto che, facendo un po' di conti e osservando i dati, la posizione degli attori-chiave in questa narrazione è cambiata varie volte, e varie volte hanno cambiato le loro versioni. Prima dicendo che il virus non poteva essere trasmesso da uomo a uomo, poi portando avanti l'idea di elogiare la Cina per come stava affrontando il problema. Adesso si dice che in effetti il virus può essere trasmesso da uomo a uomo e che la Cina però non ha detto a tutti che questo virus si stava diffondendo per sei giorni (per la narrazione *mainstream*), ma per intere settimane secondo i miei dati. Sì, sono passate settimane, sono passate settimane prima che la Cina lo dicesse effettivamente a qualcuno e se si guarda al modo in cui vengono utilizzati i dati, i numeri e le proiezioni in realtà non corrispondono. Allora potete vedere che qualcosa di strano sta succedendo qui, dove c'è un'agenda che deve essere soddisfatta sulla base di un'illusione che è stata creata dai *media*."

"Bene, l'immunità di gregge è l'unico modo per creare davvero l'immunità e se guardi ai paesi che non hanno bloccato tutto subito, come mi sembra che sia il Giappone o la Svizzera, hanno fatto bene, hanno sviluppato l'immunità di gregge abbastanza presto e non hanno dovuto preoccuparsi davvero dell'idea delle vaccinazioni."

"Va bene quindi il dottor Fauci [*Anthony Stephen Fauci (n. 1940) immunologo americano, a capo della task force d'emergenza nella pandemia 2020*] dice che ora dobbiamo dare alle persone un vaccino che dovrebbe aiutarle a sviluppare un'immunità per un virus che possono contrarre di nuovo. Non ha alcun senso che il vaccino antinfluenzale non abbia tenuto l'influenza fuori dall'aria o dai nostri sistemi ogni anno, quindi cos'è questo nuovo antivirus che non è stato nemmeno testato clinicamente, non ha studi clinici, perché dovremmo accelerare questo processo?"

"Per quanto riguarda la risposta del presidente alla pandemia penso che chiudere al più presto i confini con la Cina e non permettere ai cittadini americani di rientrare da quel paese, sia stata un'idea saggia. Penso anche che istituire delle conferenze stampa giornaliere per dare rassicurazioni agli americani sia stata una buona cosa, una buona idea, visto che ci sono un sacco di persone preoccupate. Preoccupate in modo eccessivo, perché se guardiamo i numeri, le proiezioni, e li confrontiamo con i numeri veri, vediamo che sono stati gonfiati dai *media*."

"C'è stata un sacco di isteria, di paura. Non ce n'era bisogno, ed è stata un'iniziativa dei *media mainstream* che hanno capito che se avessero diffuso questa storia avrebbero aumentato l'*audience* visto che la gente se ne sta rinserrata in casa a guardare i notiziari che forniscono informazioni sulla pandemia."

"Il Presidente Trump non pensa che Bill Gates abbia alcun diritto di entrare nel nostro paese con uno qualsiasi dei suoi vaccini perché è tecnicamente illegale costringere le persone a prendere vaccini contro di noi. È contro la nostra costituzione, io dico che chiunque spinga i vaccini obbligatori ha un programma tutto suo."

"Non credo che Donald Trump spingerebbe quei vaccini, se lo facesse cambierebbe la mia opinione su quell'aspetto per la sua amministrazione, sì, ma allo stesso tempo se guardi al modo in cui era la sua posizione sui vaccini quando era all'inizio della sua presidenza, aveva una visione piuttosto diversa."

"Il mio abbigliamento è tutto incentrato sulla rappresentazione della prospettiva dei nativi americani, ossia la vera prospettiva americana di questa terra, una terra di individui liberi. I nativi americani erano liberi per conto proprio, prima che ci fosse un governo che arrivò qui e cercò di stabilire un altro governo libero. Quindi, se uniamo queste due idee della prospettiva libera dei nativi americani, insieme ai principi fondanti del nostro paese, abbiamo una visione completamente diversa del modo in cui dovremmo governare le nostre vite e le nostre relazioni reciproche non solo a livello individuale ma anche a livello sociale e statale".

"Il virus è molto contagioso ma non è mortale. Questo percepisci se guardi davvero e fai una ricerca; e scopri che il virus essendo molto contagioso in realtà ha avuto un bel po' di tempo per diffondersi in tutto il mondo prima che la Cina abbia detto qualcosa. E se il periodo di incubazione è di 7-14 giorni, allora questo è un sacco di tempo perché questa cosa arrivi seriamente in tutto il mondo entro 21 giorni. Il blocco non è avvenuto per 60 giorni buoni dopo l'inizio del nuovo anno e non sarei affatto sorpreso se poi risultasse che questo si è già diffuso tra la maggior parte delle persone, le quali hanno sviluppato un'immunità agli anticorpi per esso e l'hanno superato. Questo è parte del motivo per cui penso che il blocco sia un po' tardivo e se stessimo davvero cercando di tenerci al sicuro, ci saremmo bloccati molto prima di quanto si dice, a marzo, ma allo stesso tempo alcune persone stanno dicendo che è un blocco che ci ha tenuti al sicuro."

L'ambiente

"Bisognerebbe spargere la voce sul dispositivo di 'Energia del punto zero' [*la teoria secondo la quale esistono dispositivi in grado di estrarre energia significativa e utilizzabile da serbatoi di energia non convenzionali preesistenti non è al momento considerata praticabile dalla scienza*] che è stato appena rilasciato dagli Stati Uniti perché il nocciolo della questione è se capiamo che quello di cui stavamo parlando è un generatore in grado di produrre più energia in un solo giorno di quella che produce in un anno la più grande centrale nucleare del paese, allora iniziamo a utilizzare questi dispositivi a energia zero dappertutto. Non solo possiamo toglierci dalla rete in modo sostenibile ma usare questa tecnologia ci porterebbe fuori dalla nostra dipendenza dal petrolio straniero o anche dalla trivellazione petro-

lifera che sta distruggendo gli ecosistemi. E to-
glierebbe la nostra dipendenza dall'estrazione
del carbone fossile che sta anch'esso minac-
ciando gli ecosistemi. Inoltre tutte queste cose
inquinano le riserve d'acqua, molte sostanze chi-
miche si accumulano nell'acqua che beviamo con
il risultato che ci sono aziende che vanno in giro
e comprano l'ultima vena di acqua dolce che abbiamo, cercando alla fine di monopolizzare il ciclo naturale del pianeta. Quindi, se riusciamo a
sbarazzarci degli ingranaggi di questa macchina
globalista, in particolare il consumo di risorse per
un sistema temporaneo parassitario, allora possiamo muoverci nel futuro ed entrare nella fase
successiva dell'evoluzione umana."

"Penso che i dispositivi energetici del punto zero
siano essenziali perché ciò di cui stiamo parlando
non è la ridistribuzione distrettuale della ric-
chezza, quanto la ridistribuzione delle risorse e
questo risolve questa illusione di scarsità che
hanno quotidianamente milioni e miliardi di
persone che combattono per l'accesso a risorse
limitate per le quali non avremmo bisogno di
combattere tutto il tempo. Nel frattempo stiamo
letteralmente distruggendo gli ecosistemi causando l'ecocidio che distrugge le nostre riserve
d'acqua. Se avete la fortuna di avere questi bre-
vetti che possono trasformare il pianeta, come il
dispositivo di energia del punto zero, il tr-3b [*un*

*ipotetico aereo a propulsione antigravitazionale
che l'aeronautica americana non ha mai ammesso
di aver progettato]* avete un veicolo che può effettivamente contenere armi che sono armi a fre-
quenza in grado di distruggere il materiale ra-
dioattivo in un batter d'occhio. Di modo che noi
possiamo passare da qualcosa che impiega centi-
naia di migliaia di anni per biodegradarsi - e
causa ecocidio - a qualcosa che è completamente
benigno."

"Star Seed Academy Channel è un canale accade-
mico su Youtube ed è fondamentalmente tutto
ciò di cui le persone hanno bisogno per sapere
quello che la maggior parte di loro non scopri-
rebbe nelle scuole, di certo non lo scopriranno
dalla stampa *mainstream*. Passerebbero degli
anni a cercare le informazioni che invece possono leggere su questo canale. Tutto è gratuito,
penso che dobbiamo diventare più armoniosi
con il pianeta. È sicuro che i nostri sistemi attuali
siano basati su un consumo di risorse limitate
che inquinano l'ambiente in cui si trovano. Questa è una politica obsoleta e arcaica e penso che
il futuro della civiltà sia attraverso qualcosa noto
come sistemi a energia zero, sistemi a bobina di
Tesla e quando incorporeremo questi tipi di sistemi energetici nella nostra cultura allora
avremo un mondo molto più pulito che non si
baserà più sul consumo di risorse limitate".

Sette generazioni

"Abbiamo assoluto bisogno di curare gli ecosistemi altrimenti non avremo una settima generazione. I nativi americani non prendono mai alcuna decisione a meno che non considerino sette generazioni davanti a loro e come li influenzerebbe se pensassimo davvero al modo in cui l'attuale sistema parassitario globalista sta colpendo appunto sette generazioni. Specialmente se si considera che il 2,5% di tutti gli insetti muoiono ogni anno e che senza di essi non abbiamo cibo."

"Il punto di vista americano è che si pensi a sette generazioni a venire e a come quello che stiamo facendo adesso possa arrivare a influenzarle. Quindi, se ci chiedessimo come ciò che stiamo facendo ora influenzerà sette generazioni a venire, smetteremmo di fare molte cose che stiamo facendo e inizieremmo a fare molte altre cose che non sono state fatte per un bel po' di tempo perché interrompono lo *status quo*. La libertà non è libera ma chiunque può rivendicarla. Se torniamo ai principi fondanti e fondamentali della costituzione, e tagliamo via molte delle burocrazie che vi sono state inserite, e ricominciamo da capo, poi avremo molto più successo, come quando si pota un albero da frutto quando è diventato troppo grande e selvatico. Alla fine si ottengono frutti di gran lunga migliori se lo si taglia un po' e si permette ai nutrienti di circolare in un sistema più piccolo. Penso che se restringiamo il nostro sistema usando energia libera a punto zero e ritorniamo a un'economia basata sul costo dell'oro, il 'nutrimento' tornerebbe a circolare bene. Donald Trump e la sua amministrazione hanno ripreso la *Federal Reserve* e l'hanno inserita come parte del dipartimento del tesoro, quindi ora possediamo i nostri soldi invece di essere indebitati con meno dell'uno per cento della popolazione. Presto dovremmo avere un sistema monetario completamente nuovo."

"Penso che quando i nativi americani si riferiscono alla 'settima generazione', essi intendano letteralmente sette generazioni avanti, non stiamo parlando dei figli dei nostri figli, e dei loro figli e ancora dei loro figli, no, sto dicendo sette generazioni avanti e se prendiamo quella mentalità si prende quel modello culturale per una visione spirituale della vita. Questo significa allora cambiare tutto sul modo in cui facciamo affari qui in questo paese, compreso il nostro sistema monetario. Prima di tutto sbarazzarsi della *Federal Reserve* e migrare a una valuta con l'oro come base. Poi cercare di sfruttare questo nuovo sistema di energia gratuita, a quel punto la nostra economia sarebbe molto più stabile, senza spostare bilioni su bilioni di dollari in petrolio, carbone o legname e tutto questo sicuramente senza dover distruggere gli ecosistemi. Ci sono così tante alternative che potremmo fare le stesse cose, altrettanto bene, ma in maniera diversa. Così cambieremmo la nostra situazione socio-economica globale. Possiamo avere letteralmente una società ecologica rinnovata, completamente nuova, in dieci anni o due mesi, tutto dipende da quanto ci uniamo attorno a questi valori fondamentali comuni e quanto ci uniamo attorno a queste tecnologie. Quando inizieremo davvero a unirci attorno a questi valori fondamentali e comuni tutto cambierà. Il nostro paese è diviso dai globalisti che si sono saldamente insediati su entrambi i lati, repubblicano e democratico, e mantengono queste parti in eterno conflitto, portandole a combattersi e a scontrarsi in modo che il paese rimanga diviso. Quindi, quello che sono in grado di fare è farci combattere altre guerre, in tutto il mondo, perché questo crea più profitto per loro. Dovete capire che sono queste stesse persone che hanno finanziato sia la prima che la seconda guerra mondiale e ogni altra singola guerra da allora, e dovete riuscire a vedere come questo complesso militare-industriale venga utilizzato in modo parassitario per portare profitti a meno dell'1% della popolazione."

Il 6 gennaio

"Sì, ho detto una preghiera in Senato. Abbiamo ripreso il Senato per Dio. Sì, lo abbiamo fatto per il nostro paese e poi ce ne siamo andati."

"Quindi spero che non finisca qui. Oh, amico, questo è solo l'inizio! Questa è la fine del Comunismo, la fine del Globalismo negli Stati Uniti. Questo è solo l'inizio della libertà che torna a regnare, questo è solo l'inizio dell'America."

"Rinascere! Lo spero! Ci sono cento sì nella mia mente. Oh, faresti meglio a crederci ma spero che tutto andrà bene, fratello!"

"Sì, stiamo riprendendo la nostra nazione, in nessun modo permetteremo ai comunisti e ai globalisti di andare avanti. Non bisogna permettergli di abbattere la nostra nazione, non così! Accadrà nell'unico modo in cui qualcosa del genere sarebbe comunque accaduto. E i file militari e la comunità dell'intelligence sapevano già tutto questo e hanno permesso a tutte queste informazioni di uscire".

"Freedom! Stiamo facendo la storia qua fuori! Siamo in prima linea. Questo è un conflitto spirituale vecchio di millenni. Una guerra psicologica vecchia di decenni e che vede il culmine qui, adesso, a Washington D. C. E nelle capitali di tutto il mondo."

"Nessun ritiro, nessuna resa, nessun prigioniero. Nessuna pietà. Dentro il Palazzo del Campidoglio. Il nostro messaggio è che questo è il nostro 1776. Siamo in prima linea. Non soltanto per Donald Trump, non soltanto per il nostro paese. O per la settima generazione. Noi siamo qui per Dio. E non permetteremo che il Comunismo e il Globalismo conquistino gli Stati Uniti d'America. Il Comunismo e il Globalismo non prenderanno la libertà americana."

"Così abbiamo preparato le trappole per questi globalisti. Per questi comunisti. E adesso loro ci sono giusto caduti dentro. E adesso è solo una questione di farla scattare, questa trappola. Sono caduti nella nostra trappola, ragazzi! Sì, ci sono caduti. Li abbiamo portati esattamente dove volevamo. Non li lasceremo scappare!"

Definizioni

4chan

È un sito web *imageboard* (cioè basato sulle immagini) in lingua inglese fondato da Christopher Poole nel 2003. Gli utenti sono soliti pubblicare i loro contenuti in forma anonima e il sito è stato associato a diverse subculture internet, in particolare ad Anonymous.

8kun

Precedentemente chiamato 8chan , Infinitechan o Infinitychan, è un sito web *imageboard* (cioè basato sulle immagini). Il sito è stato collegato al suprematismo bianco, al neonazismo, all'alt-right, al razzismo e all'antisemitismo. Dopo essere stato chiuso nell'agosto 2019, il sito è stato *ribrandizzato* come 8kun ed è stato rilanciato nel novembre 2019.

Adrenocromo

L'adrenocromo è un elemento presente in molte teorie del complotto tra le quali quella denominata QAnon – secondo cui una fantomatica droga, detta appunto "adrenocromo", sarebbe ottenuta dal sangue di minorenni abusati in pratiche sataniche.

La sua mitizzazione la si deve allo scrittore "psichedelico" Hunter S. Thompson, che nel suo romanzo *Paura e disgusto a Las Vegas* (apparso per la prima volta nel 1971, edito da Random House) lo ritiene una droga allucinogena dagli effetti devastanti, assai superiore all'LSD.

Nella realtà si tratta di una molecola prodotta naturalmente dal corpo umano come sottoprodotto ossidativo dell'adrenalina, che ha anche usi farmacologici per contrastare l'epilessia e le emorragie capillari.

Cabal

"Masnada" o "cricca". Un gruppo di persone che sono unite in uno progetto esclusivo, per promuovere opinioni o interessi privati in un'ideologia, una congrega o un tipo di associazione di solito per intrighi e con peculiarità di segretezza, a scopo politico, finanziario o per questioni di "cartello".

La *Cabal* a cui si riferisce QAnon è quella composta da alte sfere del partito democratico e noti esponenti del mondo dello spettacolo e dell'arte.

Deep State

Traducibile in "Stato profondo" o "Stato occulto". Si intende, a livello politico, l'insieme di quegli organismi, legali o illegali, che grazie ai loro poteri e alle influenze che esercitano in campo economico, militare o strategico, condizionano l'agenda degli obiettivi pubblici, in maniera occulta e a prescindere dalle strategie politiche dei vari paesi del mondo, operando in un sottobosco occulto ("profondo"), lontano dagli occhi dell'opinione pubblica e dei *media*.

Dissonanza cognitiva

La dissonanza cognitiva è una teoria della psicologia sociale introdotta da Leon Festinger nel 1957 e descrive la situazione di complessa elaborazione cognitiva in cui credenze, nozioni, opinioni esplicitate contemporaneamente nel soggetto in relazione ad un tema si trovano in contrasto funzionale tra loro. Ad esempio, coloro i quali ambirebbero a rivestire una carica importante, pur non possedendone requisiti o capacità, si convincono che quella posizione o non è così importante oppure chi la riveste attualmente non è degno neppure lui. Questi convincimenti hanno la capacità di attenuare il loro senso di disagio ma possono avere ripercussioni o conseguenze, anche gravi, se si mettono in pratica. Per esempio: "Io non sarò mai Presidente del Senato", allora cerco di dimostrare che l'attuale figura che ne riveste il ruolo è indegna, diffondendo *fake news* o organizzando proteste e seminando menzogne su di lui.

Energia di punto zero

In fisica, lo ZPE è il più basso livello energetico possibile in un sistema quantistico. Secondo le teorie della cospirazione ci sarebbe una tecnologia tenuta segreta dalle superpotenze che si basa su questo concetto e che ci permetterebbe di avere energia a costi bassissimi e abbandonare così il ricorso ai combustibili fossili. La possibilità di mettere a punto dispositivi in grado di estrarre energia significativa e utilizzabile da serbatoi di energia non convenzionali preesistenti non è al momento considerata praticabile dalla scienza.

Fake news

Le *fake news* sono notizie plausibili ma false e inventate con il deliberato intento di disinformare o di creare scandalo e interesse da parte degli utenti. Sono spesso alimentate ad arte da chi fa politica o semplicemente prospera con le strategie di *clickbait* (trad. *"esca da click"*), cercando di attirare i visitatori sulla propria piattaforma per aumentare il traffico e di conseguenza incrementare le entrate pubblicitarie.

Fantasia del rituale notturno

La "fantasia del rituale notturno", già nota in epoca romana – secondo il sociologo inglese Norman Cohn, esperto di fanatismo religioso, ipotizzava una società ombra, insita nella società ufficiale. La quale si comportava come un secondo stato ed aveva forte (ma segreta) influenza sulla cosiddetta "vita reale". Già a quel tempo (ma anche molto prima) proliferavano le *fake news*, cioè menzogne, spesso ignobili, messe in giro ad arte per destabilizzare l'avversario. Quasi sempre avevano a che fare con fantomatici "rituali notturni" nei quali accadevano le cose più cruente e crudeli.

La fantasia del rituale notturno è diventata un'arma per contrastare i cambiamenti nella società che minacciano il proprio stile di vita, e ne mettono in discussione i vecchi capisaldi; un'arma contro il politicamente corretto, contro la rivalsa sociale delle donne, contro l'accettazione della diversità sessuale, contro la libera opinione su Dio.

Globalismo

Con questo termine si definisce qualcosa di simile ad una visione del mondo in cui tutto è profondamente interconnesso, da un punto di vista politico e ideologico. Mentre la globalizzazione è un processo di colonizzazione esteso all'intero globo, soprattutto con valenze economico-finanziarie e commerciali.

Mainstream

È principalmente un aggettivo adoperato in vari campi delle arti e della cultura per indicare una corrente che, in un particolare ambito culturale, è considerata più tradizionale e convenzionale, ma soprattutto dominante. In ambito cospirazionista il pensiero mainstream viene considerato con forte accezione negativa, in quanto indice di pensiero unico omologato, contrario alla verità e all'interesse del cittadino.

MS-13

Mara Salvatrucha, comunemente nota come MS-13 , è una banda criminale internazionale nata a Los Angeles , in California, negli anni '70, ormai diffusa in molti paesi. Dedita al traffico di droga, è nota per la ferocia e la crudeltà dei suoi affiliati.

Operazione MK-Ultra

Era il nome in codice dato a un programma illegale e clandestino di esperimenti sugli esseri umani studiato e messo in atto dalla CIA durante gli anni cinquanta e sessanta del XX secolo, che aveva come scopo quello di identificare droghe e procedure che, integrando altre tecniche di tortura, avrebbero consentito di estorcere informazioni agli indagati.

Operazione Paperclip

Con questa denominazione ci si riferisce a un programma segreto della americana *Joint Intelligence Objectives Agency* (JIOA) durante gli anni della guerra fredda. Furono reclutati più di 1.600 tra scienziati e tecnici di varie discipline e assunti dal governo statunitense allo scopo di avvantaggiare l'esercito rispetto a quello sovietico nella ricerca bellica e nella corsa allo spazio.

Pizzagate

Il *Pizzagate* è una teoria del complotto recente, propagandata e concretizzata attraverso i social, durante le elezioni presidenziali degli Stati Uniti del 2016 che parte da un filone Wikileaks – una serie di messaggi di posta elettronica tra varie personalità politiche e alcuni ristoranti statunitensi – paventando un presunto traffico di esseri umani e abuso di minori. Una delle imprese coinvolte nello scandalo fu la pizzeria Comet Ping Pong di Washington D.C. che fu teatro di almeno due irruzioni armate da parte di "spedizioni punitive" in cerca di fantomatici locali sotterranei dove sarebbero tenuti prigionieri i bambini vittime di abusi.

Ragnarok

Nella mitologia norrena il termine indica la battaglia finale tra le potenze della luce e dell'ordine e quelle delle tenebre e del caos. In senso lato il termine viene utilizzato per indicare praticamente la stessa cosa, ma a livello terreno e negli scenari di geopolitica estrema, immaginando un apocalittico scontro finale.

Rumble

È una piattaforma video online canadese, fondata nel 2013. Generalmente questo sito web è popolare e frequentato dai creatori di contenuti e dagli utenti conservatori e di destra.

Teorie della cospirazione

Tipicamente esse mischiano fatti reali tangibili con altri inventati, con altri ancora deformati. Il mix che ne deriva è tanto più complesso quanto più trascorre del tempo e va a miscelarsi ulteriormente con altri fatti della realtà, della fantasia o della distorsione ideologica.

Spesso queste teorie nascono da un fatto minore, anche casuale, capace però di innescare una reazione a catena amplificata poi attraverso i social e il passaparola, divenendo di dominio pubblico. Una volta che hanno radicato sono estremamente difficili da ridurre ai minimi termini o razionalizzare.

Tr-3B

Ipotetico aereo di nuova concezione che le teorie della cospirazione ritengono in dotazione segreta all'Air Force americana. Secondo queste teorie, si tratterebbe di un nuovo tipo di propulsione che utilizzerebbe un motore a schermatura gravitazionale top-secret chiamato disgregatore del campo magnetico.

Indice generale